Mit Quick dem Frosch der Natur auf der Spur

Artenvielfalt entdecken, erleben, schützen

Ein Kinder-, Lese-, Vorlese-, Mal- und Naturerlebnisbuch mit Familien-Merkspiel

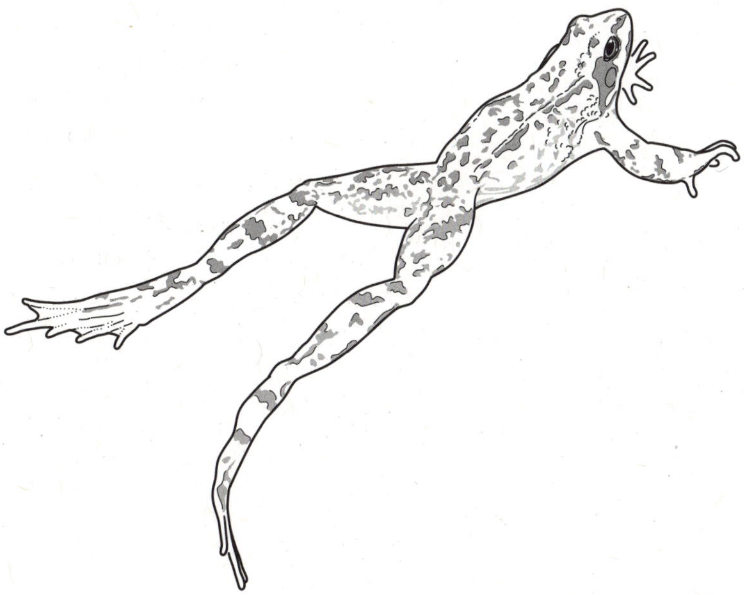

Liebe Eltern und Großeltern, Erzieherinnen und Erzieher, Lehrerinnen und Lehrer...

… mit der abenteuerlichen Geschichte des Grasfrosches Quick wollen wir Sie ermuntern, mit Kindern die heimische Natur zu entdecken, zu erleben und zu schützen. Natürlich kann Quick weder sprechen, noch Gefühle äußern. Die „Ich"-Perspektive der Erzählung eröffnet einen emotionalen Zugang zur Lebenswelt des Froschs und ermöglicht so ein sinnliches Miterleben und Verstehen von Natur. Und das wollen wir! Wir begleiten unseren „Schützling" Quick durch die größte Sehenswürdigkeit, die es gibt: Die Natur! Die Natur mit ihrer Vielfalt an Tieren und Pflanzen. Wir verfolgen die abenteuerliche Geschichte eines Grasfroschs, der die verschiedensten Lebensräume erkundet und auf ganz unterschiedliche Insekten wie Käfer, Wildbienen, Schmetterlinge und viele andere Tiere trifft. Dabei vermitteln faszinierende Naturbilder einen Einblick in deren Lebensgemeinschaften und Lebensräume. So werden uns die wechselseitigen Zusammenhänge und Abhängigkeiten im Jahreslauf der Natur bewusst.

Eine motivierende Vorbereitung auf Naturbegegnungen in Feld, Wald und Flur. Übrigens: 140 Tier- und 94 Pflanzendarstellungen gibt es im Buch zu entdecken. Wollen Sie nachzählen?

Kennen und Können

Für das sichere Erkennen von Tieren und Pflanzen sind Zeichnungen mit den herausgearbeiteten, typischen Merkmalen noch immer den besten Fotos und deren digitalen Bearbeitungen überlegen. Für solche Darstellungen bedarf es eines besonderen Könnens. Und das steckt meisterhaft hinter jeder einzelnen Abbildung dieses Kinderbuches zum Artenwissen. Beide Maler haben Kennen und Können meisterlich vereint.

Berthold Faust (1935 – 2016) *war Art- und Creativdirektor bei Werbeagenturen, später freischaffender Grafik-Designer, begnadeter Illustrator und Buchautor. Er hat mit den hier verwendeten Lebensraum-Entdeckungsbildern in naturgetreuer Malweise und großer Naturkenntnis sowie selten künstlerischem Talent in gelungener räumlicher wie zeitlicher Verdichtung die verschiedenen Biotoptypen porträtiert.*

Seine zusätzlichen Erkennungstafeln zeigen Arten in Einzeldarstellungen, die selbst höchste Ansprüche von Naturkundemuseen und anderen zoologischen Institutionen erfüllen. Bekannt wurde er durch größere Einzelausstellungen und die für den Naturschutz wegweisenden Bücher wie etwa „Rettet die Vögel", „Rettet die Wildtiere" sowie „Rettet die Frösche", an denen er mit seiner Kunst wesentlichen Anteil hatte.

Wolfgang Lang (1961 – 2021) *war Diplombiologe und Insektenspezialist. Ursprünglich auf die spannende Artenvielfalt der Käfer spezialisiert, begann er bereits Ende der 1980er-Jahre sein besonderes, zeichnerisches Talent immer weiter zu entfalten.*

Seine bestechend genauen Zeichnungen zur Bestimmung von Arten finden sich in Fachbüchern ebenso wie in populärer Literatur. Hinzu kommt seine besondere Kunst, markante Details – auch von Tieren und Pflanzen in ihren Lebensräumen oder in Einzeldarstellungen – in scheinbar einfachen schwarz-weiß-Zeichnungen signifikant herauszuarbeiten. Auch farbige Lehrtafeln für verschiedene Schutzgebiete, Lehrpfade und Wanderwege hat er ebenso meisterhaft umgesetzt wie entsprechende Natur-Illustrationen für Broschüren, Plakate und Bücher.

Quick stellt sich vor

Frühlingserwachen am Teich

Hallo erst einmal. Ich heiße Rana, *Rana temporaria*. Weil aber alle meiner Geschwister auch so heißen, habe ich mir überlegt, dass ihr mich ruhig Quick nennen könnt. Quick wie „schnell", denn schnell ducke ich mich weg, wenn Gefahr droht. Und schnell sind alle Grasfrösche, so heißen wir auf Deutsch.

Wir Grasfrösche wandern, wenn wir groß sind, gleich im Frühjahr aus unserem Winterquartier dorthin, wo wir unser Leben als kleines Ei begonnen haben: An unser Laichgewässer. Bei mir war das ein Quelltümpel im Wald. Bei leichtem Regen und mindestens fünf Grad Wärme machen wir uns auf den Weg. Den Winter habe ich - zusammen mit anderen jungen Grasfröschen - in einer Erdhöhle unter einem modrigen Baumstumpf verbracht. Unsere Verwandten, die grünen Wasserfrösche hingegen, verbringen den Großteil ihres Lebens im Wasser.

Und ich wäre nicht Quick, wenn ich nicht der Erste gewesen wäre, der sich durch das welke Laub vom Vorjahr und das Moos an diesem Baumstumpf durchgearbeitet hätte, um die erste Frühlingsluft zu schnuppern. Denn achtet mal darauf: An manchen Tagen am Ende des Winters riecht es einfach anders – der Frühling liegt in der Luft!

Viele andere von uns Grasfröschen suchen Ende Februar oder Anfang März kleine Tümpel, wassergefüllte Gräben oder ruhige Bachabschnitte, Weiher und Seen und auch Gartenteiche zum Laichen auf. Dort beginnt neues Leben.

Das Abenteuer beginnt

Aber jetzt will ich euch von meinem abenteuerlichen Leben erzählen. Ich erzähle euch, wo ich das ganze Jahr über so unterwegs bin und was da so rings um mich rum sonst noch krabbelt und kribbelt, kreucht und fleucht, fliegt und flattert. Denn es sind ja noch viele andere Tiere unterwegs. Und einige davon haben nichts anderes im Sinn, als bei der Futtersuche auf mich und andere Amphibien Jagd zu machen. Amphibien sind Tiere, die sowohl im Wasser wie auf dem Land leben. Wir Grasfrösche gehören zur Tierklasse der Amphibien. Welche anderen Amphibien es noch so gibt, erfahrt ihr auf Seite sechs.

Auf dem Bild auf Seite fünf seht ihr den Waldtümpel, aus dem ich im letzten Jahr rausgekrabbelt bin. Dort seht ihr auch einen Feuersalamander und seine Larven am Grund des Quelltümpels. Der Feuersalamander erwacht erst viel später aus seiner Winterruhe als wir Grasfrösche. Er kommt deshalb erst nach uns an dieses Gewässer. Weil er eine giftige Haut hat und etwas giftig aussieht – meint ihr nicht auch? – muss er sich nicht so vor dem Dachs hüten, wie wir Grasfrösche und auch die grünen Wasserfrösche. Denn der Dachs gehört zu den Tieren, die uns auffressen.

Ich und meine 2000 Geschwister

Vom winzigen Ei zum fertigen Frosch

Aber jetzt zurück an den Anfang:
Meine Mutter hat nach der Laichwanderung genau an dem Tümpel, den ich euch gezeigt habe, über 2000 Eier gelegt. Die sind im Wasser zu einem großen Laichballen aufgequollen wie all die Eier der anderen Grasfroschweibchen auch. Und so entwickelte ich mich aus einem von vielen Tausend Froscheiern – zu dem die Menschen Laich

Quicks Tümpel im Wald

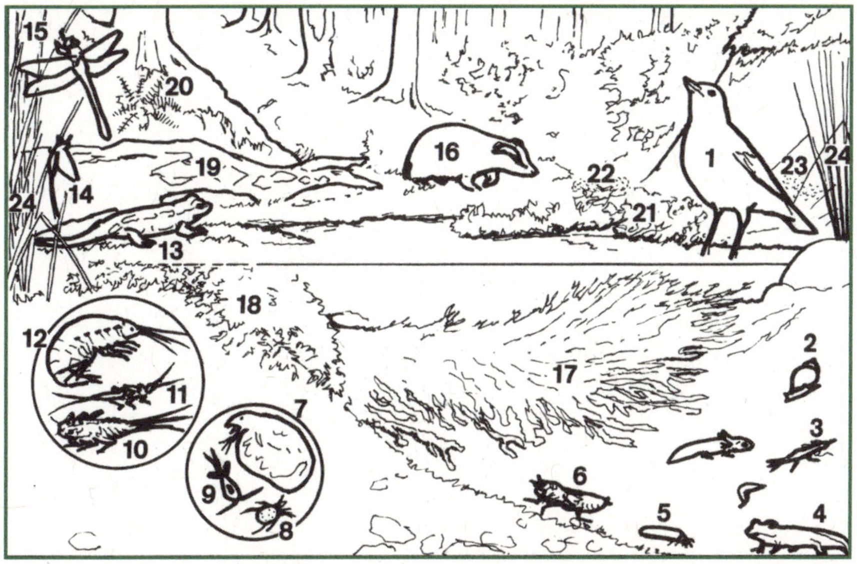

1 Misteldrossel, 2 Quellschnecke, 3 Larve der Blauflügel-Prachtlibelle, 4 Feuersalamander-Larve, 5 Köcherfliegen-Larve, 6 Larve der Quelljungfer, 7 Wasserfloh, 8 Quellmilbe, 9 Hüpferling, 10 Eintagsfliegen-Larve, 11 Steinfliegen-Larve, 12 Flohkrebs, 13 Feuersalamander, 14 Eintagsfliege, 15 Quelljungfer, 16 Dachs, 17 Quellmoos, 18 Wasserstern, 19 Trameten-Porling, 20 Wurmfarn, 21 Brunnenkresse, 22 Sumpfdotterblume, 23 Sumpfvergissmeinnicht, 24 Flechtbinse

Quick der Grasfrosch und einige seiner Amphibien-Verwandten

Gelbbauchunke

Feuersalamander

Laubfrosch

Kammmolch

Teichmolch

Grasfrosch

Bergmolch

Erdkröte

Wasserfrosch

sagen – zur Kaulquappe. So nennen uns die Menschen, wenn wir noch keine Arme und Beine haben.

Unten seht ihr mich kurz nach der Eiablage. Wie alle meine Brüder und Schwestern war ich da noch ein winziges Ei. Hättet ihr mich damals gesehen, hättet ihr wohl nicht geglaubt, dass aus mir eines Tages mal ein „richtiger“ Frosch werden würde. Hier seht ihr mich als „frische“ Kaulquappe. Da war ich kleiner als ein halber Zentimeter. Am Anfang fehlte mir fast noch alles, was ich zum Schwimmen und Springen brauche: Arme, Beine, Atmung, Augen. Aber fressen konnte ich damals schon ganz gut. Zu der Zeit habe ich mich von abgestorbenen Pflanzenresten und von Algen, die an Wasserpflanzen oder Holzstücken haften, ernährt. Dabei musste ich mich höllisch in Acht nehmen vor den Tieren, die uns Kaulquappen als Nahrung sehen: zum Beispiel vor Berg- und Teichmolchen und Wasserskorpionen. Oder die Gelbrandkäferlarve, die uns aussaugen will. Weil es so viele Feinde gibt, die es auf uns abgesehen haben, hat meine Mama zusammen mit den anderen Grasfroschweibchen auch gleich Tausende Eier gelegt. Dadurch erhöht sich die Chance, dass wenigstens ein paar von uns überleben.

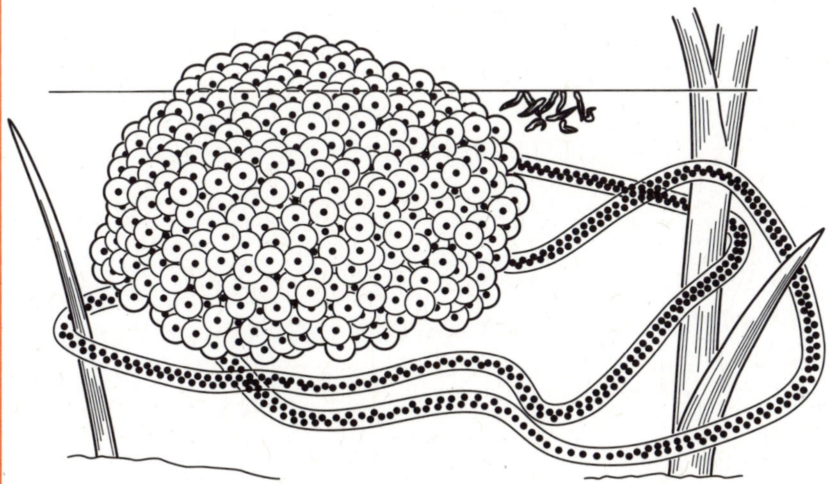

Laichballen vom Grasfrosch und Laichschnur von der Erdkröte

Quick verlässt den Teich

Zuerst wuchsen mir ein Schwänzchen und dann Hinterbeine. Wie ein fertiger Frosch habe ich da noch nicht ausgesehen. Aber ich konnte schon etwas schwimmen und besser aufpassen, dass ich von meinen Feinden nicht erwischt werde. Nach einiger Zeit wuchsen mir auch Vorderbeine und plötzlich habe ich ausgesehen wie ein richtiger Frosch, nur eben viel kleiner. Da war es bereits Juni. Genau der richtige Zeitpunkt, um endlich an Land zu gehen. Schließlich gehöre ich ja zu den Amphibien, also den Tieren, die sowohl im Wasser als auch an Land leben und vor allem ihren ersten Lebensabschnitt im Wasser verbringen. An diesem Tag hatte es einen warmen Regen gegeben und es war auch warm genug. Statt weiter in dem Tümpel herumzuschwimmen, bin ich mit drei, vier Hüpfern an Land gesprungen – das war gar nicht so schwer!

Eine Welt voller Gefahren

Nachdem ich an Land gegangen war, habe ich allerlei Abenteuer erlebt und Gefahren überstanden. Ich war ja immer noch winzig klein.

Wundert euch nicht, dass wir nicht quaken. Sonst würde ich ja auch Quak heißen und nicht Quick. Quaken tun nur die grünen Wasserfrösche und der Laubfrosch, die nicht so viel umherwandern wie wir, sondern meistens an ihrem Teich bleiben. Unsere Stimme hört man nur, wenn wir Männchen im Alter von drei Jahren auf der Suche nach einem Weibchen sind.

Jedenfalls bin ich nichts ahnend, wie gefährlich die Welt sein kann, losgelaufen. Mal krabbelnd, mal hüpfend oder springend habe ich mich von dem Laichgewässer, in dem ich mich vom Ei aus dem Laichklumpen zur Larve – also ihr wisst schon, zur Kaulquappe – und dann zum richtigen Frosch entwickelt habe, entfernt. Ist doch klar, dass ich da Hunger bekommen habe, von all dem Stress. Als Erstes habe ich einen kleinen Wurm verspeist und später zwei kleine Spinnen. Ja, und dann war ich ganz erschöpft vom ersten Rumkrabbeln und Rumspringen und ich hab mich, als der Regen nachließ, zwischen all dem Holz, das am Boden lag, versteckt. Was ich da für ein Glück hatte!

Quick trifft auf eine Fuchsfamilie

Ich darf mir gar nicht ausdenken, was hätte passieren können. Denn als mich dann nach einiger Zeit der Hunger wieder aus meinem Versteck trieb, war ich plötzlich von lauter rotbraunen Gestalten umringt: Füchse! Die hatte ich zuerst gar nicht gesehen, weil ich es auf eine kleine Nacktschnecke abgesehen hatte. Wollt ihr mal nachzählen, wie viele Füchse es sind? Einer hat mich mit seiner feuchten Nase sogar angestupst und ein anderer drehte mich einfach auf den Rücken. Ja, wenn ich dasselbe mit ihm machen würde. Wenn ich es denn könnte! Und dann kam ein anderer herbei und hat mich auf die Seite gerollt. Mir wurde ganz anders …

Das ging eine ganze Weile so. Meine Angst, von den jungen Füchsen verspeist zu werden, wuchs von Sekunde zu Sekunde (sieh mal auf Seite 9). Und dann … so schnell konnte ich gar nicht mit meinen Froschaugen gucken, waren die Füchse verschwunden. Starr vor Schreck bin ich erstmal sitzen geblieben, statt mich im nahen Gesträuch der Lichtung aus wilden Brombeeren, Haselsträuchern und Weißdornbüschen zu verstecken. Dann sah ich nur noch Stiefel. Stiefel von Leuten mit Ferngläsern. Sie schauten an einer Buche hoch, wo aus einem Loch junge Spechte um Futter bettelten. Plötzlich kam auch der schwarze Altvogel – ein Schwarzspecht – mit seinem roten Kopfgefieder herbei und brachte Futter. Vielleicht waren es Ameisen. Auch ich hatte immer noch Hunger und habe mich dann auf den Weg gemacht. Die Menschen hatten mich nicht bemerkt, weil sie nur Augen für die Spechte hatten. Na ja, Hauptsache die Füchse waren weg.

Unterwegs fand ich im Schatten des Waldes eine Assel, die ich mir schnappte. Das ist so bei uns Fröschen. Denn manchmal gibt's dann tagelang wieder nichts zu essen. Also muss man nehmen, was man bekommt. So gingen die Tage vorüber. Mal hier einen Wurm, mal da eine Spinne und dann wieder eine schleimige Schnecke. Zu der kann ich einfach hinkrabbeln und sie verspeisen, wenn sie denn nicht allzu groß ist.

Wenigstens kann sie nicht wegfliegen oder wegspringen. Auch mit einem Wurm ist es einfach. Bei einer am Boden sitzenden Fliege muss ich dann schon springen, um zuschnappen zu können. Ach ja, zuschnappen: Wie ich da eines schwülen Tages an einem großen Laubhaufen vorbeikomme, wäre es fast wieder um mich geschehen gewesen: Die graue Schlange mit dem gelben Halbmond am Hinterkopf hatte ich erst gar nicht gesehen. Plötzlich schnappte die Ringelnatter nach mir. Aber mit einem kühnen Sprung konnte ich mich gerade noch in Sicherheit bringen. Vor Schreck bin ich danach erst mal wie wild durch die Gegend gehüpft.

Irgendwann gelangte ich dann an den Rand des Waldes.

Da war vielleicht was los! Schmetterlinge flatterten umher. Wespen und Bienen summten und brummten, eine Maus wuselte vorbei und ein Mistkäfer leuchtete bläulich-schwarz-glänzend am Boden. Welch ein Happen! Doch wie ich zuschnappen will, steigt er mit einem tiefen Brummton einfach in die Luft und fliegt davon. Der Mistkäfer gehört wie die Schmetterlinge, die Bienen und die Wespen zu den Insekten. Welche Insekten noch am Waldrand leben, seht ihr auf den nächsten Seiten.

Tiere und Pflanzen am sonnigen Waldrand – hier hüpfte Quick vorbei

1 Großer Schillerfalter, 2 Waldwespe, 3 Rothalsbock, 4 Rotbeinige Baumwanze, 5 Haselnuss-Strauch, 6 Zilpzalp, 7 Schwebfliege, 8 Waldmaus, 9 Waldbrettspiel, 10 Ruprechts-Storchschnabel, 11 Echtes Springkraut, 12 Pfirsichblättrige Glockenblume, 13 Gemeiner Klettenkerbel, 14 Wald-Habichtskraut, 15 Waldmistkäfer, 16 Fichte

Insekten am Waldrand

Trauermantel

C-Falter

Landkärtchen

Zitronenfalter

Großes Ochsenauge

Waldhummel

Hornisse

Scharlachroter Feuerkäfer

Prunkkäfer

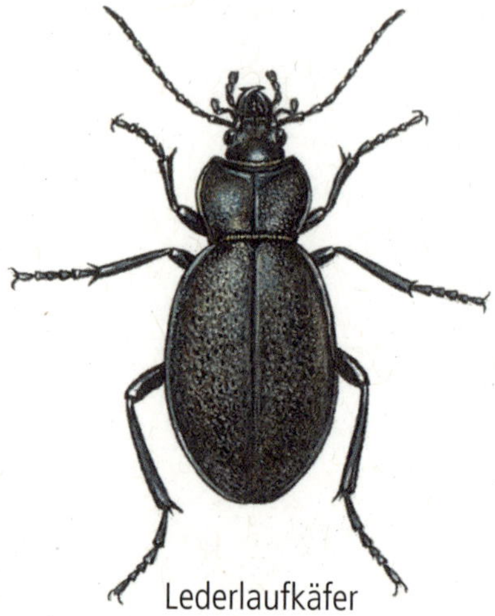

Lederlaufkäfer

Rothalsbock

Gelbfüßige Sandbiene

Grüne Blattwespe

Rosenkäfer

Wollkäfer

Überraschende Begegnungen

Allmählich wurde es mir doch zu warm, und so habe ich mich am Boden zwischen Lichtnelken, Glockenblumen, Wiesenkerbel und Gräsern versteckt. Auch wenn die Sonne auf solche Pflanzen brennt, ist es ein paar Zentimeter darunter am Boden schattig und feucht. Ja, so ein Froschleben ist gar nicht einfach. Ich weiß gar nicht mehr, ob ein, zwei oder drei Tage vergingen. Wir Frösche zählen ja nicht. Irgendwann habe ich mich einfach aufgemacht, meine Froschwelt weiter zu entdecken. In der Nähe eines Baches saß mir plötzlich ein anderer Frosch gegenüber. Zumindest habe ich gedacht, dass es ein anderer Frosch ist. Denn das Tier war bräunlich wie ich. Aber es hatte viele Warzen auf dem Rücken, und dann habe ich gemerkt, dass es eine Erdkröte ist. Also nichts wie weg, sicher ist sicher! Denn große Erdkröten schnappen sich auch kleine Frösche, wenn die nicht auf der Hut sind. Am Bach war es schön schattig und feucht, und es gab genug zu mampfen.

Das dachte sich wohl auch der Graureiher. Wie zuvor die Schlange hatte ich ihn erst gar nicht bemerkt, weil er regungslos dastand und lauerte. Plötzlich schoss sein Schnabel wie ein spitzes Schwert herunter. Doch wieder hatte ich Glück, denn er hatte einer Feldmaus aufgelauert, die er sich jetzt in seinem Schnabel

zurechtlegte, dann den Kopf in die Höhe streckte und sie verschluckte. Vielleicht heiße ich ja gar nicht Quick, sondern Glück, weil ich zwar ein paarmal schnell war, aber noch viel öfter Glück hatte. Neugierig wie ich bin, schwamm ich später durch den seichten Bach. Der war von Erlen- und Weidengesträuch beschattet. Dann kletterte ich zwischen Erlenwurzeln, Totholz und Steinen die krautige Böschung auf der anderen Seite hinauf.

Gefahr auf dem Acker

Rettung in der Hecke

Oben angelangt sah ich zuerst einen sonnigen Wiesenstreifen und dann eine weite Ackerlandschaft. Das war für mich etwas ganz Neues. Da hoppelten ein paar Hasen herum und Rehe standen auf einem Acker. Sie nahmen aber keinerlei Notiz von mir, als ich durch das junge Getreide krabbelte und hüpfte. Anders als der Fuchs,

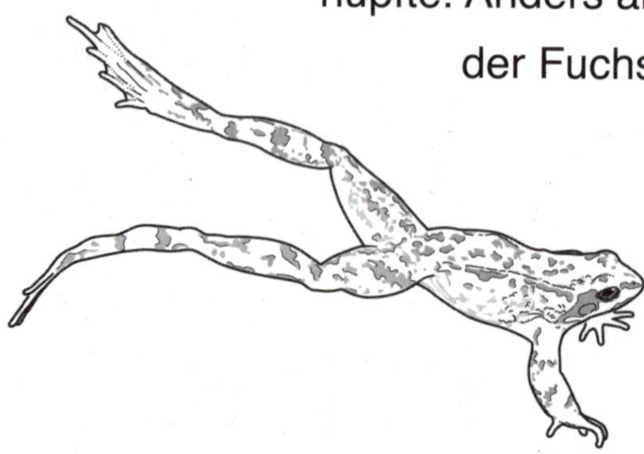

die Ringelnatter und der Reiher sind diese Tiere ja auch Pflanzenfresser. Ich selbst habe aber von Pflanzen als Nahrung genug. Von den Algen in meiner Kinderstube – dem Quelltümpel – habe ich euch ja schon erzählt. Wir als Frösche haben es halt einfach auf kleine Insekten, Würmer, Schnecken und Spinnen abgesehen.

Quick sieht viele Tiere der Feldflur – Welche seht Ihr? (Auflösung auf Seite 20)

Kurz darauf kam ich zu einem Wegrand, wo viele Pflanzen blühten und auch Insekten unterwegs waren. Welche es sind, seht ihr auf Seite 19.

Ach, war das trocken auf dem Acker. Am frühen Morgen hatte noch überall Tau gelegen. Doch den hat die Sonne schnell aufgesaugt.

Deshalb wurde es für mich unerträglich heiß. Wir Frösche können zwar auch wie die Kröten, Unken, Molche und Salamander an Land leben, aber es sollte schon feucht sein, sonst trocknet nämlich unsere Haut aus. Ich brauchte also dringend einen Unterschlupf. Zum Glück ließen mich der Turmfalke, der über der Ackerfläche in der Luft rüttelte, und der Mäusebussard, der am Himmel kreiste, in Ruhe weiterhüpfen. Sie hielten lieber Ausschau nach Mäusen.

Einsamer Frosch in weiter Flur

Endlich gelangte ich an eine Feldhecke. In dem Dickicht aus Holunder, Schlehen, Weißdornsträuchern und verwilderten Zwetschgenbäumen gab es Schatten, und es war trotz der Hitze ringsumher so feucht, dass meine Haut wieder Nässe auftanken konnte. Denn das ist wie bei euch Menschen. Ihr braucht ja nicht nur Nahrung, sondern auch Flüssigkeit. Wir brauchen die Flüssigkeit auch, um unseren Körper vor dem Austrocknen zu schützen. Denn wir haben ja eine empfindliche, dünne Froschhaut.

Wie lange ich mich im Heckengesträuch zurückgezogen habe, weiß ich nicht mehr. Wenigstens fand ich dort ein paar leckere Asseln und Spinnen. Irgendwann wurde es mir dann doch zu dumm und in einer Nacht, als der Mond hell schien und sich schon Tau über das Land gelegt hatte, habe ich mich auf den Weg gemacht.

Wieder musste ich höllisch aufpassen. Ihr glaubt gar nicht, wer da nachts alles unterwegs ist. Zuerst ist da ein Marder vorbeigehuscht und kurz darauf schlich ein Fuchs vorbei. „Schon wieder so ein Kerl“, dachte ich. Zum Glück blieb ich unbemerkt.

Insekten der Ackerflur

Goldlaufkäfer

Körniger Laufkäfer

Getreidelaufkäfer

Saatschnellkäfer

Dungkäfer

Ackerhummel

Steinhummel

Erdhummel

Wiesenhummel

Weichkäfer

Großes Ochsenauge

Kleiner Fuchs

Gemeiner Scheckenfalter

Langhornbiene

Als es wieder Tag wurde, kam ich in eine Gegend, die sah ganz anders aus. Vor mir lag eine Blumenwiese, in deren Nachbarschaft sich wieder einige Heckensträucher befanden. Und eine alte Steinmauer. Die war mein Glück. Denn die Sonne stand schon wieder so hoch, dass ich um mein Leben fürchtete. Um mich herum schwirrte es nur so: Da waren ein Schachbrettfalter und ein Widderchen – das ist ein Nachtfalter, der am Tag fliegt – eine Hummel und Grashüpfer. Und sogar eine Grille und ein grüner Käfer. Mich hat das alles wenig interessiert, denn mir wurde viel zu heiß. So heiß, dass ich mich in meiner Not in eine breite Mauerritze quetschte. Das tat gut! Denn dort gab es Schatten, und es war etwas feucht.

Welche Insekten noch an der Blumenwiese mit der alten Steinmauer leben, seht ihr auf der gegenüberliegenden Seite 21.

Auflösung von Seite 17

1 Feldlerche, 2 Kiebitz, 3 Rehe, 3a Rehbock, 4 Rebhühner, 5 Feldhase, 6 Feldmaus, 7 Kleiner Fuchs

Insekten der Blumenwiese vor der Steinmauer

Gemeiner Scheckenfalter

Hauhechelbläuling

Feuergoldwespe

Widderchen

Töpfer-Pillenwespe

Rosenkäfer

Schwalbenschwanz-Falter

Bienenwolf

Wiesenhummel

Erdhummel

Wegwespe

Sandwespe

Fuchsrote Sandbiene

Steinhummel

An der alten Steinmauer traf Quick auf eine bunte und vielfältige Lebewelt

1 Dorngrasmücke, 2 Wildkaninchen, 3 Gemeiner Grashüpfer, 4 Wickenwidderchen, 5 Schachbrettfalter, 6 Feldhummel, 7 Goldlaufkäfer, 8 Feldgrille, 9 Hainbänderschnecke, 10 Zauneidechse, 11 Goldammer, 12 Neuntöter, 13 Rundblättrige Glockenblume, 14 Bunte Kronwicke, 15 Wiesensalbei, dazwischen Margerite, 16 Wilde Möhre, 17 Nickende Distel, 18 Hornklee, 19 Flockenblume, 20 Mauerfarn, 21 Zimbelkraut, 22 Heckenrose, 23 Weißdorn, 24 Schwarzer Holunder

Um Haaresbreite den Autos entkommen

Hungrig machte ich mich am nächsten Morgen wieder auf den Weg. Plötzlich gab es weder Gras noch Büsche, sondern nur Asphalt. Zack, zack, zack, zack, nicht nur, dass es so heiß war, sondern es gab eine neue Gefahr. Kein Fuchs und kein Marder, sondern Autos – viele Autos. Zack, zack, zack, fuhren sie vorbei. Vor einem direkt auf mich zurasenden Auto konnte ich mich in letzter Sekunde mit einem Sprung an den Straßenrand retten. Dann begann es zu regnen. Für mich eine Wohltat! Endlich wieder Wasser auf meiner Haut. Es schüttete ohne Ende. Nach meinem Rettungssprung hatte ich gar nicht bemerkt, dass ich mich in eine Ecke am Straßenrand gekauert hatte. An einen Randstein, den ich nicht überwinden konnte. Ja und dann ging es los. Mit einem Mal erfasste mich ein Wasserschwall. Alles Froschstrampeln half nichts und ich wurde fortgerissen.

Freundliche Retter

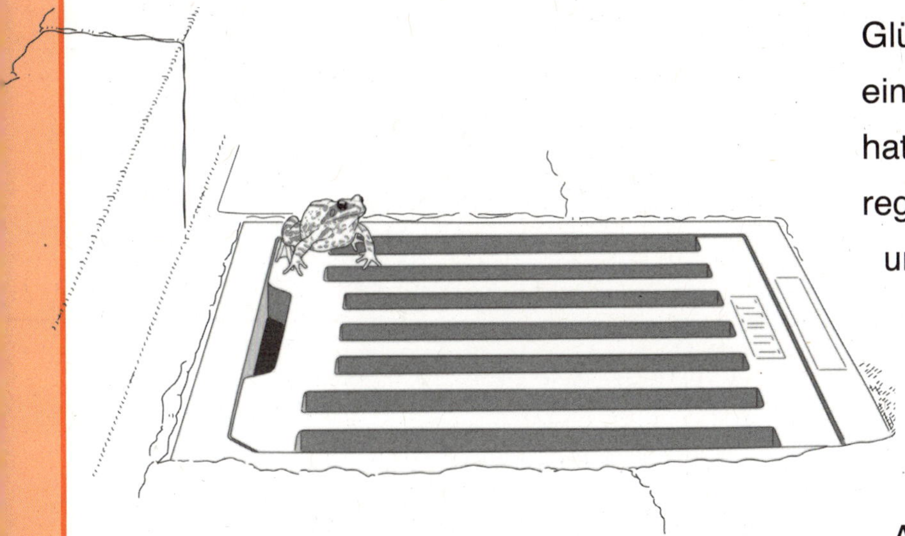

Doch vielleicht sollte ich tatsächlich nicht Quick heißen, sondern Lucky wie „der Glückliche“. Denn ein paar Kinder, die an einer Bushaltestelle Schutz gesucht hatten, hatten meinen Unfall beobachtet. Als es zu regnen aufhörte, haben sie kurz diskutiert und mit Hilfe eines kräftigen Mannes den Schachtdeckel angehoben. Das geht gar nicht so leicht und sollte sonst nur von den Leuten des Bauhofs oder der Straßenreinigung gemacht werden. Aber sie haben es geschafft.

Als ich wieder zur Besinnung kam, befand ich mich in einem tiefen, schwarzen Loch. Oben gab’s nur ein paar Lichtstreifen. Gerade ich, ich Quick, bin in einem Gully – also einem Abwasserschacht – am Straßenrand gelandet. Daraus gibt es eigentlich kein Entrinnen … Eigentlich!

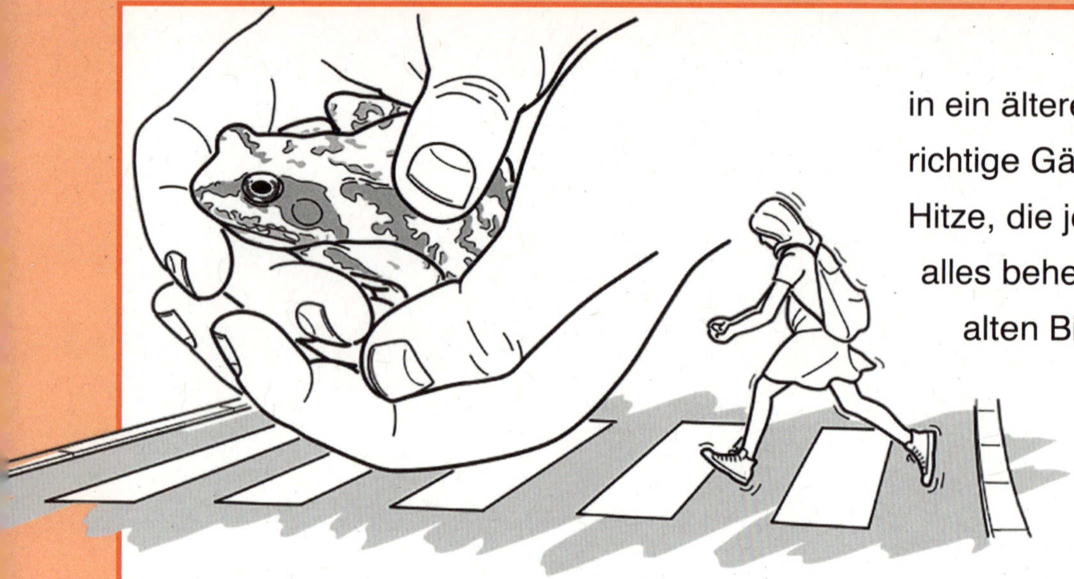

Vorsichtig holte mich ein Mädchen heraus und zeigte mich den anderen. „Ein junger Grasfrosch“, meinte sie. „Den müssen wir in Sicherheit bringen“, sagte ein anderer. „Aber wir müssen doch in den Sportunterricht und der Bus wird bald kommen“, entgegnete wiederum jemand anders. Nach kurzer Diskussion lief meine Retterin, mich in der linken Hand haltend und die rechte Hand schützend darüber gelegt, in eine kleine Grünanlage und setzte mich dort ab. „Machs gut, lieber Frosch“, sagte sie und sprang zur Bushaltestelle zurück.

Ja, was tun, was jetzt tun? Außerhalb der Grünanlage war überall Asphalt, heiße Steine und Steinwüsten in den Vorgärten. Ratlos hüpfte ich weiter. Endlich gelangte ich in ein älteres Wohngebiet. Dort gab es noch richtige Gärten und ich konnte mich vor der Hitze, die jetzt nach dem Gewitter wieder alles beherrschte, schützen. Unter einem alten Birnbaum konnte ich mich in einem Reisighaufen in einem alten Bauerngarten verkriechen.

Hier gefiel es mir ganz gut und so blieb ich einige Zeit. Es gab genug zu fressen und feuchte Verstecke gab es auch. Aber nach einiger Zeit hab ich mich vom Acker – ach nö, vom Garten – gemacht. Zum Glück bin ich nicht wieder in einem Gully oder in einem der Licht- und Belüftungsschächte der Häuser gelandet.

Im Naturgarten fand Quick Schutz. Welche Tiere seht ihr?
Die Auflösung findet ihr auf Seite 29 rechts unten.

Im Mischwald – der Heimat von Quick – leben viele Tiere und Pflanzen

1 Schwarzspecht, 2 Weidenmeise, 3 Eichelhäher, 4 Reh, 5 Eichhörnchen, 6 Braunes Langohr, 7 Waldkauz, 8 Habicht, 9 Rotfuchs, 10 Waldmaus, 11 Kleiber, 12 Mönchsgrasmücke, 13 Großer Totengräber, 14 Gemeiner Totengräber, 15 Gefleckte Schnirkelschnecke, 16 Regenwurm, 17 Wolfsspinne, 18 Erdläufer, 19 Kellerassel, 20 Florfliegenlarve, 21 Springschwanz, 22 Moosmilbe, 23 Springschwanz, 24 Afterskorpion

Auflösung Tiere im Naturgarten von Seite 27.
Im Uhrzeigersinn von oben:
Kohlmeise, Grauschnäpper, Kleiner Fuchs, Erdhummel, Tagpfauenauge, Feldwespe, Schwebfliebe, Kellerassel, Feuerwanze, Weinbergschnecke, Amsel, Rauchschwalbe

Wieder im Wald

Der Kreis schließt sich

Die Menschen behaupten, Frösche haben gar kein Gedächtnis, aber irgendwann habe ich bemerkt, dass ich wieder in meiner alten Heimat bin. Ja, ich bin wieder im Wald angekommen. Meinem Wald. Dort ist es zwar auch gefährlich. Von den Füchsen habe ich euch ja schon erzählt, und auch Marder und Wildschweine würden vor einem Frosch nicht Halt machen und ihn sofort verspeisen. Aber der Wald ist halt ein Teil meiner Heimat. Also dort, wo ich im Waldtümpel aus dem Ei geschlüpft bin. Andere Frösche schlüpfen in anderen Tümpeln aus dem Ei. Aber ich gehöre nun mal hierher. „Meinen" Wald seht ihr auf den Seiten 28 und 29.

Ein paar Tage später, als ich gerade unter einem Gesträuch ruhte, kam eine Gruppe Jugendlicher mit ihrer Lehrerin an meinem Teich vorbei. Ich glaube, es waren dieselben, die an der Bushaltestelle gewartet haben. „Schön, dass ihr mitgeholfen habt, den Müll am Grillplatz auf der Waldwiese aufzusammeln. Warum sind die Leute nur so unachtsam und kapieren nicht, dass sie ihren eigenen Abfall wieder mitnehmen müssen", sagte die Lehrerin. „Jetzt stellt mal eure Abfallbehälter ab und wir schauen, ob wir noch ein paar Waldtiere entdecken." Dann ruft einer: „Da ein Frosch, Frau Jourdan." „Ja toll", sagte diese, „lasst ihn uns ansehen, aber seid vorsichtig!" „Genau so einen haben wir vor ein paar Tagen an der Bushaltestelle aus einem Schacht geholt", sagte Carolyn. „Oh Mann, wissen die denn nicht, dass ich es bin und können die nicht einen Grasfrosch vom anderen unterscheiden?" dachte ich. „Sind wir doch oft ganz unterschiedlich gefärbt! Manche sind hellbraun, andere rötlichbraun oder wie ich dunkelbraun…" Ja, wie es weiterging, wollt ihr wissen? Das ist eine andere Geschichte, die ich euch vielleicht später einmal erzähle …

Welchen Tieren Quick bei seiner Wanderung durch die verschiedenen Lebensräumen begegnet ist

Das kunterbunte Familien-Merkspiel

Eigentlich ist es keine gute Idee, aus Büchern einzelne Seiten herauszutrennen – aber hier ist es ausnahmsweise erlaubt. Und aufgepasst: Keines der 24 Kärtchen darf verloren gehen! Mindestens zwei Mitspieler sind erforderlich. Alle gut gemischten Kärtchen verdeckt auf dem Tisch verteilen. Wer die Kärtchen verteilt, beginnt mit dem Aufdecken eines Kartenpaares. Wer das Naturerlebnisbuch unseres Freundes Quick aufmerksam gelesen hat und sich nicht ablenken lässt, findet als Amphibien- und Naturkennerin oder -kenner die Paare schnell zusammen. Wer die meisten Paare entdeckt hat, hat natürlich gewonnen.

Viel Spaß!

Familien-Merk-Spiel

Familien-Merk-Spiel

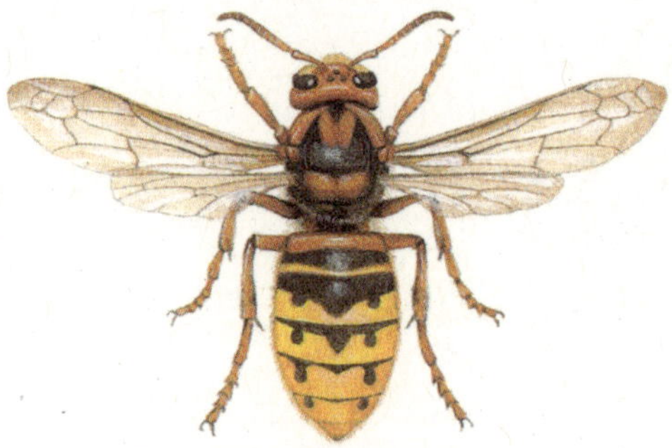